ຂ້ອຍຫຼິ້ນກິລາ

ໂດຍະ **Library For All Ltd.**

ອົງການ Library For All ແມ່ນອົງການທີ່ບໍ່ຫວັງຜົນກຳໄລ ທີ່ມີພັນທະກິດທີ່ຈະເຮັດໃຫ້ທຸກຄົນ ສາມາດເຂົ້າເຖິງແຫຼ່ງຄວາມຮູ້ ຜ່ານບະອັດຕະກຳຫ້ອງສະໝຸດດິຈິຕອນ. ເຂົ້າເບິ່ງລາຍລະອຽດເພີ່ມເຕີມທີ່: libraryforall.org

ຂ້ອຍຫຼັ້ນກິລາໆ

ພິມຄັ້ງທຳອິດ 2019
ພິມຄັ້ງທີ່ສອງ 2020
ແປແລະພິມຄັ້ງທີ່ສາມ 2021

ຈັດພິມໂດຍ: ອົງການ Library For All
ອີເມວ: info@libraryforall.org
URL: libraryforall.org

ປື້ມເຫຼັ້ມນີ້ ແມ່ນໄດ້ຮັບການສະໜັບສະໜູນໂດຍ ລັດຖະບານອົດສະຕາລີ ຜ່ານການຮ່ວມມື ສະໜັບສະໜູນການສຶກສາ ຂອງອົດສະຕາລີ ແລະ ປາປົວນິວກິນີ.

ຂ້ອຍຫຼັ້ນກິລາໆ
Library For All
ISBN: 978-9932-09-139-3
SKU01195

ຂ້ອຍຫຼົ້ນກິລາ

ຂ້ອຍເຕະບານ.

ຂ້ອຍຫຼິ້ນ ຣັກບີ້.

ຂ້ອຍຫຼິ້ນ ເຕັນນິສ.

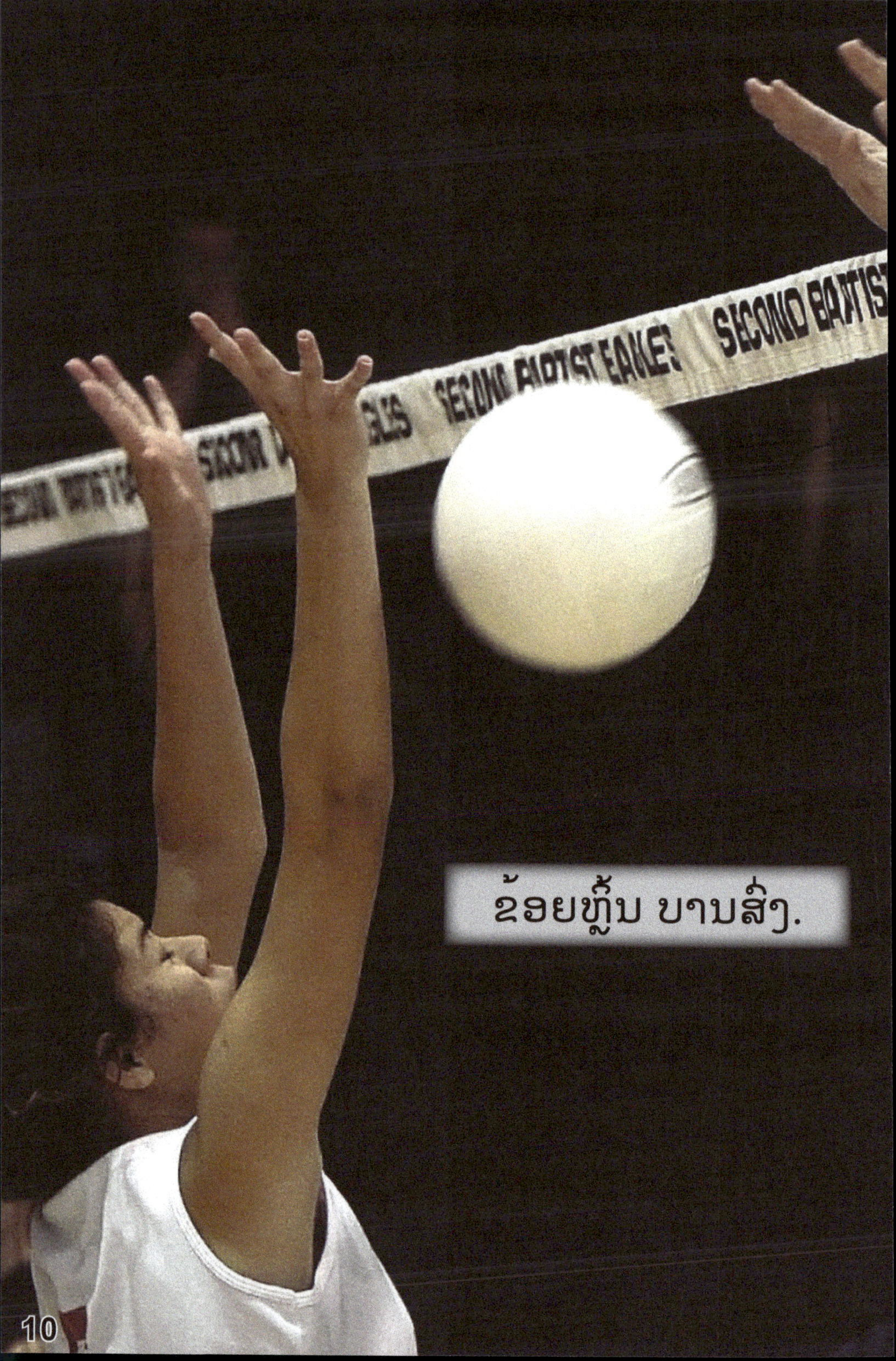

ຂ້ອຍຫຼິ້ນ ບານສົ່ງ.

SECOND BAPTIST EAGLES
SECOND BAPTIST EAGLES
SECOND BAPTIST EAGLES

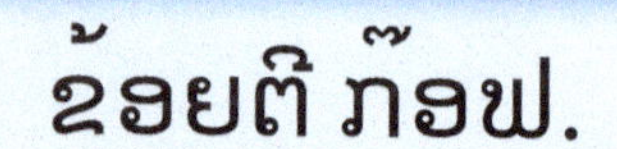
ຂ້ອຍຕິ ກ໊ອຟ.

ຂ້ອຍຫຼຽບ ຮອກກີ້.

ຂ້ອຍຫຼົບ ຄຣິເກັທ.

ຂ້ອຍຫຼິ້ນ ກັບໝູ່!

ຂໍ້ມູນທາງບັນນາບຸກົມຂອງຫໍສະໝຸດແຫ່ງຊາດ

Library For All
ຂ້ອຍຫຼິ້ນກິລາ 1 / ໂດຍ Library For All. -- ວຽງຈັນ : ມັກອ່ານ,
2020
19 ໜ້າ : ພາບປະກອບສີ ; 21 ຊມ
1. ວັນນະກຳສຳລັບເດັກ
I. ຊື່ເລື່ອງ
808.899282 -- dc21
ເລກທະບຽນພິມຈຳໜ່າຍ: ຕາມຫນບ316ພຈ 23122020
ISBN 978-9932-09-139-3

ເຈົ້າສາມາດໃຊ້ຄຳຖາມດັ່ງລຸ່ມນີ້ເພື່ອ
ສົນທະນາກ່ຽວກັບເລື່ອງທີ່ອ່ານກັບ ຄອບຄົວ,
ໝູ່ ແລະ ຄູອາຈານ.

ເຈົ້າໄດ້ຮຽນຮູ້ຫຍັງຈາກເລື່ອງນີ້?

ຈົ່ງອະທິບາຍເລື່ອງນີ້ ໂດຍໃຊ້ຄຳບັບຍາຍ
1ຄຳ. ຕະຫຼົກ? ຢ້ານ? ມີສີສັນ? ໜ້າສົນໃຈ?

ເມື່ອອ່ານຈົບແລ້ວ,
ເລື່ອງນີ້ໃຫ້ຄວາມຮູ້ສຶກຫຍັງແດ່?

ໃນເລື່ອງນີ້, ເຈົ້າມັກສິ່ງໃດຫຼາຍທີ່ສຸດ?

ກ່ຽວກັບຜູ້ປະກອບສ່ວນ

Library For All ເຮັດວຽກຮ່ວມມືກັບນັກຂຽນ ແລະ ນັກແຕ້ມ ທົ່ວ ໂລກເພື່ອສ້າງເລື່ອງທີ່ຫຼາກຫຼາຍ, ມີຄຸນນະພາບສູງໃຫ້ກັບຜູ້ ອ່ານໂຕນ້ອຍ. ທຸກຄົນສາມາດເຂົ້າໄປ ເວັບໄຊ libraryforall.org ເພື່ອຮູ້ຂ່າວຫຼ້າສຸດ ກ່ຽວກັບກິດຈະກຳຝຶກອົບຮົມນັກຂຽນ, ຄູ່ມືຕ່າງໆ ແລະ ໂອກາດສ້າງສັນອື່ນໆ.

ປຶ້ມທືອບໍ່ມ່ອບບໍ່?

ພວກເຮົາມິປຶ້ມຫຼາຍຮ້ອຍທືອໃຫ້ເລືອກອ່ານ.

ພວກເຮົາຮ່ວມມິກັບນັກຂຽນ, ຜ່ຽງຊານດ້ານການສຶກສາ,
ທ່ີ່ປຶກສາທາງດ້ານວັດທະນະທຳ, ລັດຖະບານ ແລະ
ອິງກອນທ່ີ່ບໍ່ຂຶ້ນກັບລັດຖະບານ ເພື່ອນຳຄວາມເພິດເພິນ ໃນການ
ອ່ານໃຫ້ກັບເດັກນ້ອຍທືອທຸກແຫ່ງ.

ຮູ້ບໍ່?

ພວກເຮົາສ້າງການປ່ຽນແປງທ່ີດີໃນຊົງເຂດນີ້ ໂດຍປະຕິບັດ ເປົ້າໝາຍ
ການພັດທະນາແບບຍຶນຍົງຂອງສະຫະປະຊາຊາດ.

libraryforall.org